NOUVELLE MÉTHODE

DE

LECTURE ET D'ÉCRITURE

POUR APPRENDRE SIMULTANÉMENT

A LIRE ET A ÉCRIRE EN PEU DE TEMPS,

RÉDUISANT

LA LECTURE A LA CONNAISSANCE DES VOYELLES ET DES CONSONNES
SIMPLES ET COMPOSÉES, ET A LEUR VALEUR DE POSITION,

RÉSUMANT

LEURS DIVERSES COMBINAISONS DANS UN SEUL SYLLABAIRE,

PAR

C.-A. CHARDON,

INSTITUTEUR.

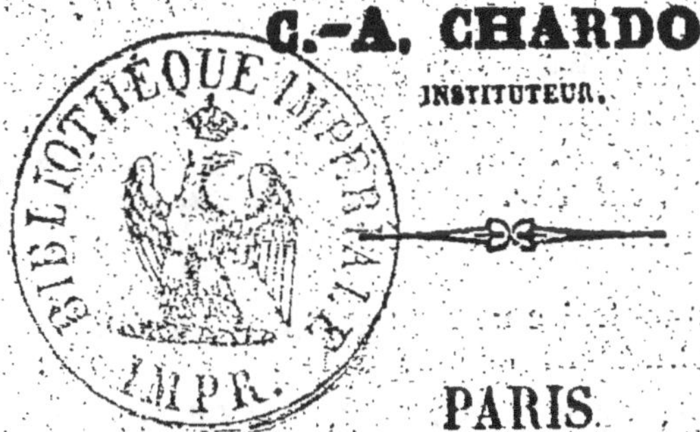

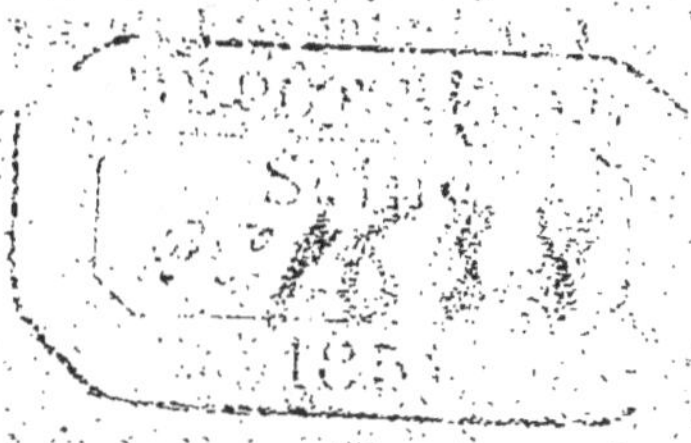

PARIS.

HACHETTE, libraire de l'Université, rue Pierre-Sarrazin, 14.
J. DELALAIN, libraire, rue des Mathurins St-Jacques, 5.
LAROUSSE et BOYER, libraires, rue Pierre-Sarrazin, 2.
L. COLAS, libraire, rue Dauphine, 26.
MAIRE-NYON, libraire, quai Conti, 13.
PERISSE FRÈRES, libraires, rue Saint-Sulpice, 38.
CHEZ L'AUTEUR, rue Neuve-d'Orléans, 54, à Montrouge (Paris).
Et chez les Libraires classiques de chaque département.

1854

OBSERVATIONS SUR LA LECTURE.

L'homme transmet sa pensée et ses idées par la parole et par l'écriture; il ne peut le faire que très-imparfaitement par des signes.

La parole est l'émission de sons articulés, représentant les idées.

L'écriture est la reproduction de la parole; elle donne le moyen de la conserver et de la transmettre à travers le temps et l'espace.

La lecture est la reproduction de la pensée écrite.

Pour représenter les idées et les transmettre, on emploie des signes ou caractères appelés lettres. L'alphabet est l'ensemble des lettres dont on se sert pour former les mots qui servent à représenter les idées.

Principes de la Lecture.

Les maîtres ne sauraient trop répéter aux élèves les principes et les règles qui suivent: car ce n'est que lorsque les élèves les connaissent parfaitement qu'ils peuvent lire couramment.

1. Les lettres se divisent en deux classes; les voyelles et les consonnes.

2. Les voyelles ou sons peuvent se prolonger autant que le permet la respiration sans aucun mouvement de la bouche.

3. Les consonnes ou articulations ne peuvent pas se prolonger, elles exigent certains mouvements des lèvres et de la langue.

4. Les voyelles et les consonnes sont simples quand elles sont représentées par une seule lettre : *a e i o u y, b c d f g h j k l m n p q r s t v w x z.*

5. Les voyelles et les consonnes sont composées quand elles sont formées de plusieurs lettres inséparables : *ai, ei, au, eau, eu, ou, oi, an, en, in, on; ch, gn, ill, ph, bl, cl, fl, gl, pl, br, cr, dr, fr, gr, pr, tr, vr, phr, phl, chl, chr.*

6. Les voyelles se prononcent avec éclat, avec un son plus ou moins élevé.

7. Les consonnes au contraire ne se prononcent que faiblement, par une espèce de sifflement comme à la fin des mots : *bol, lac, or,* etc.

8. Pour lire, il suffit de distinguer dans chaque mot les voyelles et les consonnes et de les prononcer successivement sans interruption.

Règles de la Lecture.

1. Les consonnes simples ou composées n'ont aucune valeur sonnante : elles se prononcent *be, ke, de, fe, gue, he, je, ke, le, me, ne, pe, que, re, se, te, ve, kse, ze;* dans la lecture on élide l'E afin de faire siffler la consonne sur la voyelle.

2. Les consonnes doubles *bb, cc, dd, ff, ll, mm, nn, pp, rr, ss, tt, w,* se prononcent comme si elles étaient simples; le *cc* fait exception devant les lettres *e i; accessoire, succès, accident.*

3. Les consonnes composées : *bl, cl, gl, br,* etc., se prononcent comme à la fin des mots : *table, cercle, aigle, sabre,* etc.

4. Il y a dans un mot autant de syllabes qu'on fait entendre de sons en le prononçant : *oie, houe, main,* ont une syllabe ; *ami, été, table,* ont deux syllabes ; *enfance, charité, morale,* en ont trois. Chaque syllabe se sépare après la voyelle.

5. La consonne simple, double ou composée qui précède une voyelle appartient toujours à cette voyelle et forme avec elle la syllabe : *a-mi, ta-bleau, fa-ci-li-té, an-ti-phra-se, ho-mme, es-prit, sphè-re, en-fan-ti-ne.*

6. Lorsqu'il y a plusieurs consonnes de suite dans un mot, elles sont séparables ou inséparables ; si elles sont *inséparables,* elles appartiennent à la voyelle suivante ; si elles sont *séparables,* la première seulement appartient à la voyelle qui précède : *ho-mme, fo-lle, bor-gne, con-struc-teur.*

7. *E* suivi d'une consonne dans les mots d'une syllabe, ou d'une double consonne dans les mots de plusieurs syllabes, ou suivi de *x,* de *ille,* se prononce *è : et, des, ces, les, excès, appelle, jette, cachette, sexe, exil, esprit, réveille, Corneille.*

8. *E* devant *s* se prononce toujours *e* à la fin des mots qui ont plus d'une voyelle : *vues, vies, tu aimes.*

9. La lettre *h* ne se prononce pas au commencement et dans le corps des mots, ni entre deux consonnes ; excepté après le *c* où elle fait *ch : biche, cheval ;* et après le *p* où elle fait *f, ph ; philosophe, lithographe, hypothèse.*

10. *S* au commencement ou dans le corps d'un mot placé avant ou après une consonne, se prononce toujours *se : statue, sphère, poste, constance.*

11. *S* entre deux voyelles se prononce *ze : rose, rasoir, assise.*

12. Le *t* suivi d'un *i* se prononce tantôt *ti* et tantôt *ci : entier, amnistie, huitième ; minutie, initié ;* mais il fait toujours *ti* quand il est précédé d'un *s : question, bastion.*

13. *Y* précédé ou suivi d'une voyelle se prononce comme deux *ii : il paya, pays, moyeu, tuyau.*

14. *Ent* à la fin des mots se prononcent *e* quand ils sont précédés de *ils, elles,* et lorsque le sens permet de les remplacer par *aient,* exemples : *ils aiment, elles lisent, ces enfants étudient ;* on peut dire : *ces enfants étudiaient.*

15. Il faut habituer les é'èves à reconnaître dans 'es cas douteux si la prononciation d'un mot est conforme à l'usage, exemple : *éco* ou *écho, amitié* ou *amicié ; ils aiment* ou *ils aimant.*

16. Lorsque plusieurs consonnes terminent un mot, on ne prononce ordinairement que la première : *grand, temps, prompt.*

17. On prononce la première et la dernière consonne quand le mot suivant commence par une voyelle ou un *h* muet : *temps affreux, prompt à partir, grands hommes.*

18. On appelle diphthongue la réunion de deux sons dans une seule syllabe, qui se prononcent par une seule émission de voix : *lia, plié, fiole, lieu, viande.*

19. LIAISON DES MOTS. La règle générale de la liaison des mots est que toutes les fois qu'un mot finit par une consonne, et que le suivant commence par une voyelle ou un *h* muet, il faut les prononcer comme s'ils ne formaient qu'un seul mot.

20. S'il y a un signe de ponctuation entre les deux mots, il ne faut pas faire de liaison.

21. Le *d* a la valeur du *t* : *grand homme.* — Le *f* a la valeur du *v* : *neuf ans.* — Le *s* et le *x* ont la valeur du *z* : *deux aimables amis.*

22. PONCTUATION. Les signes de la ponctuation servent à indiquer les endroits où, en lisant, on doit prendre du repos pour respirer, et ceux où il faut s'arrêter ; ils servent aussi à distinguer les parties d'une même phrase et les phrases entre elles.

23. La virgule (,) indique le plus léger repos ; le point et virgule (;) indique une pause plus longue que la virgule ; les deux points (:) marquent un repos plus fort que le point-virgule ; le point (.) indique la plus forte de toutes les pauses, et que la phrase est finie.

Instructions sur l'emploi de cette Méthode.

1. Nous ne saurions trop le répéter, notre méthode de lecture est basée sur la connaissance des voyelles et des consonnes, de leurs équivalents, et sur leur prononciation rationnelle, c'est-à-dire comme quand on parle. Les nombreuses difficultés de la lecture sont surmontées par la connaissance des différences de prononciation des lettres selon leurs diverses positions.

2. Pour obtenir tous les bons résultats que donne notre méthode, il est important de suivre exactement les indications placées au bas des pages et des tableaux.

3. Chaque jour, matin et soir, il faut exercer les élèves sur les voyelles et les consonnes, en leur faisant lire les groupes de lettres d'abord sans les leur montrer, puis en les leur montrant dans le livre ou sur les tableaux. Ensuite, il faut les exercer sur le syllabaire dans le sens horizontal et dans le sens vertical ; mais il n'est pas nécessaire de le leur faire lire en entier, il suffit d'y revenir chaque jour afin de bien faire sentir aux élèves les combinaisons des voyelles et des consonnes.

4. Il faut exercer les élèves sur le syllabaire, comme on le fait pour la table de multiplication, et leur faire lire de cette manière des mots et de petites phrases à leur portée : cet exercice les amuse beaucoup.

5. Pour faire lire au moyen des tableaux un grand nombre d'élèves à la fois, il faut leur faire prononcer en même temps, et à tous, la même lettre, la même syllabe, le même mot que le maître montre avec sa baguette, en les assujettissant à la mesure musicale.

6. Les élèves doivent être partagés en trois grandes divisions :
1° Ceux qui ne connaissent pas les lettres ou qui commencent à syllaber. 2° Ceux qui savent syllaber, et qui commencent à lire couramment. 3° Ceux qui lisent couramment.

7. On commence par la première division en faisant lire aux élèves les voyelles, les consonnes, les syllabes et les mots isolés : les élèves de la deuxième division suivent et ceux de la troisième étudient dans leur livre pendant ce temps.

8. Puis la deuxième division lit le syllabaire, et les différences de valeur de position des lettres ; ensuite des phrases de la méthode, en suivant l'ordre des paragraphes. Chaque règle est expliquée à mesure qu'elle se présente.

9. Enfin les élèves de la troisième division sont exercés à la lecture courante ; le maître doit veiller à ce que les élèves observent les signes de ponctuation et donnent le ton convenable à ce qu'ils lisent.

10. Ces différents exercices ne doivent pas durer plus de 15 à 20 minutes pour chaque division. Il vaut mieux les renouveler deux fois le matin et deux fois le soir.

11. Cette manière d'enseigner à lire a l'avantage d'occuper tous les élèves, de leur faire apprendre par cœur les règles de la lecture, par une répétition journalière ; par ce procédé, les forts aident et poussent les faibles, et tous sont stimulés.

12. Il est très-important de faire lire individuellement et successivement les élèves de chaque division, et d'exiger que tous suivent, afin d'entretenir l'émulation et de s'assurer des progrès.

13. Le grand talent du professeur consiste surtout à varier les exercices, à les rendre intéressants de manière à captiver l'attention des élèves et à stimuler leur application.

14. Nous avons rejeté l'ancienne épellation. La supériorité de la nouvelle est évidente ; pour s'en convaincre il suffit de les comparer ; ainsi pour épeler les mots : *chaud, temple, blondin,* par la nouvelle épellation on dit : *ch'o, chaud; t'em tem, pl'c ple, temple, bl'on blon, d'in din, blondin.* Ce qui est simple, logique, conforme à la prononciation de la lecture courante. Par l'ancienne épellation, au contraire, on fait dire à l'élève : *cé ache a u dé, chaud, té é emme tem, pé elle é ple, temple, bé elle o enne blon, dé i enne din, blondin;* ce qui est long et absurde : car on ne trouve pas dans l'épellation les éléments, ni la prononciation des syllabes et des mots.

15. Nous nous sommes appliqué à faire un livre qui résumât les progrès accomplis par les travaux de nos devanciers : MM. Abria, Bahic, Dessirier, Dupont, Laffore, Lamarre, Meissas et Michelot, Peigné, Vernhes, etc., et qui présentât toutes les découvertes faites jusqu'à ce jour, d'une manière plus simple, plus pratique pour l'enseignement de la lecture dans les écoles.

MÉTHODE D'ÉCRITURE.

1. / / / / / / / / / / / / / / / / / / /

2. u u u uu uu uuuuu

3. n n n nn nnnn

4. m m m mm mmm

5. o o o oo oo oooo

6. un nom ami munur

7. table douche flux kilo

8. pique juge cygne gaz

9. hommes classe buffle

Observations sur l'Écriture.

POSITION DU CORPS. — Le corps doit être tenu droit, le côté gauche à 2 doigts de la table et le côté droit à 5 ; la tête un peu inclinée en avant ; la jambe gauche doit être plus avancée que la droite ; le pied droit posé naturellement ; le bras droit placé à 5 doigts du corps ; l'avant-bras gauche placé horizontalement, de manière à supporter le corps ; la main gauche doit être posée sur le bord du cahier afin de le maintenir.

TENUE DE LA PLUME. — La plume doit être placée entre les trois premiers doigts : le pouce, l'index et le doigt du milieu ; ils doivent être allongés sans raideur. Les deux autres doigts (l'annulaire et l'auriculaire) doivent être pliés sous la paume de la main, de manière que le poignet appuie sur leur dernière phalange. Lorsque la main écrit, on doit toujours pouvoir passer un doigt entre la table et le bord de la main.

ÉCRITURE. — Les lettres doivent être bien formées et avoir la même grosseur, la même pente, la même distance. Les lettres à queue doivent, pour le fin, dépasser au-dessus ou au-dessous de trois corps d'écriture, ou hauteur d'un *m*, et d'un corps et demi pour le gros. Il doit y avoir un *m* d'intervalle entre les mots. La pente des lettres est indiquée par la diagonale d'un carré.

Les élèves copieront la première ligne, puis la deuxième et la troisième, etc. ; mais ils ne passeront aux suivantes que lorsqu'ils écriront convenablement les premières, sur lesquelles ils doivent sans cesse revenir. Ils feront d'abord une lettre, puis deux, trois, enfin la ligne entière, sans que la plume quitte le papier.

Tous les élèves d'une classe doivent et peuvent apprendre à écrire et à lire en même temps. Mais pour bien écrire, comme pour bien lire, il faut beaucoup de bonne volonté de la part de l'élève, de grands soins et une attention continuelle de la part du maître.

Une bonne écriture doit être ferme, régulière, agréable à la vue et bien lisible ; pour que l'écriture réunisse toutes ces qualités, il faut que tous les traits, les pleins et les déliés soient réguliers, que les mots soient séparés les uns des autres de manière qu'on puisse bien les distinguer ; pour y parvenir, il faut copier de bons modèles et les imiter.

MÉTHODE DE LECTURE.

VOYELLES OU SONS.

1. **a e i o u**

eu   y   au

œu   eau

2. **é è ê oi ou**

Accents :   aigu,   grave,   circonflexe.

ei   *oient*

ai

aient

3. **an in on un ien**

am   im   om

en   ain

em   aim

      ein

      yn

1 2 3 4 5 6 7 8 9 0

1. Il faut faire dire à l'Élève les voyelles du premier groupe sans les lui montrer ; puis, quand il les sait par cœur, les lui montrer dans le livre en suivant leur ordre *a e i o u* ; puis, en l'intervertissant, *a o e u i y*, etc.; faire étudier les autres groupes de la même manière en répétant les premiers.

CONSONNES OU ARTICULATIONS.

1. **b** **c** **d** **f** **l**

be   ke *devant a o u.*   de   fe   l

k   **ph**

qu ces deux lettres sont inséparables.

2. **g** **j** **h** **m** **n** **p**

gue *devant a o u.*   je   bache   me   ne   pe

g *devant e i y.*

3. **r** **s** **t** **v** **x** **z**

re   se   te   ve   kse   ze

ç cédille.   **s** entre deux voyelles.

c *devant e i y.*

CONSONNES COMPOSÉES.

4. **ch** **gn** **ill** **bl** **cl** **fl** **gl** **pl**

va che   cy gne   feu ille   ta ble   cer cle   bu ffle   ai gle   cou ple

chl **phl**

5. **br** **cr** **dr** **fr** **gr** **pr** **tr** **vr**

sa bre   su cre   ca dre   fi fre   nè gre   pam pre   mou tre   li vre

chr **phr**

christ   cam phre

CONSONNES DOUBLES.

6. **bb** **cc** **ff** **ll** **mm** **nn** **pp** **rr** **ss** **tt** **w**

be   ke   fe   le   me   ne   pe   re   se   te   ve

2. Il faut faire dire à l'Elève les consonnes du premier groupe *b c d f l* sans les lui montrer ; quand il les sait bien par cœur, les lui montrer dans le livre en suivant leur ordre, puis en l'intervertissant : *c b d l f c d* ; étudier de la même manière les autres groupes, en répétant les premiers. Ensuite montrer une consonne, puis une voyelle, et faire lire ainsi des mots et de petites phrases.

1.

EXERCICES SUR LES VOYELLES.

	1	2	3	4	5	6	7	8
1.	a	e	i	o	u	é	ou	oi
2.	e	y	o	u	a	ei	oi	eu
3.	o	eu	au	è	y	ê	o	ai
4.	ou	oi	u	eau	o	ai	au	è

5.	an	in	on	un	ien	ou	oi	ei
6.	im	om	un	ain	ai	on	eu	en
7.	on	am	ien	om	ein	em	on	un
8.	un	ain	ai	um	ou	ion	in	om

EXERCICES SUR LES CONSONNES.

9.	b	c	d	f	l	k	g	j
10.	d	qu	p	ph	m	c	n	r
11.	v	f	s	t	d	b	p	z
12.	r	s	z	j	b	p	qu	f

13.	ch	gn	ill	bl	cl	fl	gl	pl
14.	br	cr	dr	fr	gr	pr	tr	vr
15.	gn	bl	ch	phr	gl	tr	gr	pr
16.	ill	fl	br	gn	pr	dr	bl	ch
17.	gl	ill	ch	ph	vr	bl	pr	chr

3. Il faut faire lire les exercices horizontalement, puis verticalement.

1. a b o gn on an ch oi

2. cr in dr pl en gl ou tr

3. on ill au oi ou vr pr ain

4. ai gl om br am ph oie aü

5. éa ié ia io oui ieu ian ion

6. arabedominogagékilotassefa

7. aiglonblousepruneauhachepli

LECTURE.

1. ami, été, ici, os, hure, œufs, oie, houe, enfant, indien, ombre, un, robe, casque, dinde.

2. girafe, bague, juge, hache, kiosque, poule, rame, lune, pipe, pique, lyre, tasse, tête.

3. rave, axe, gaze, vache, télégraphe, cygne, feuille, table, cercle, buffle, aigle, couple.

4. sabre, sucre, cadre, fifre, nègre, pampre, montre, livre.

1. Il faut faire lire successivement les voyelles et les consonnes de chaque mot, en élidant le E après la consonne : *a m'i, é t'é, i c'i, os, u r'e, e, oi, ou, en f'an, in d'ien, om br'e, un, r'ob'e, c'as'qu'e, d'in d'e, g'i r'af'e;* et faire remarquer les syllabes de chaque mot.

SYLLABAIRE.

VOYELLES.

	œu		eau		aient
	eu		au		ai
		y			ei
					è ê
	e	a	i	o	u	é

CONSONNES	e	a	i	o	u	é
b	be	ba	bi	bo	bu	bé
d	de	da	di	do	du	dè
f	fe	fa	fy	fo	fu	fê
ph	phe	pha	phi	pho	phu	phé
h	he	ha	hi	ho	hu	hai
j	je	ja	ji	jau	ju	jé
k	ke	ka	ky	kau	ku	kè
l	le	la	li	lo	lu	lê
m	me	ma	mi	mau	mu	mai
n	ne	na	ni	nau	nu	né
p	pe	pa	pi	po	pu	pè
q	que	qua	qui	quo	qu	quai
r	re	ra	ri	ro	ru	rei
s	se	sa	sy	sau	su	sé
t	te	ta	ti	to	tu	tè
v	ve	va	vi	veau	vu	vê
x	xe	xa	xi	xo	xu	xai
z	ze	za	zi	xo	zu	zé
c	ce	ca	ci	co	cu	cei
g	ge	ga	gi	go	gu	geai

CONSONNES COMPOSÉES   **ch gn ill bl cl chl fl phl gl**

a b c d e f g h i j k l m

A B C D E F G H I J K L M

5. Il faut, chaque jour, exercer les Elèves sur ces deux pages; leur trouver les syllabes que produisent les voyelles placées devant les consonnes, comme pour la table de multiplication.

SYLLABAIRE.

DIPHTHONGUES. **VOYELLES.**

					yn	ien
éa	éai	ian		ein		
iè	oui	ion	em	aim		
io	ieu	oin	en	ain		
	oient		am	im	om	um

TRÉMA.

aü oï aï

Esaü Moïse naïf

oi ou an in on un

CONSONNES.

b	boi	bou	ban	bin	bon	bun
d	doi	dou	den	daim	don	dun
f	foi	fou	fan	fin	fon	fun
ph	phoi	phou	phan	phin	phon	phun
h	hoi	hou	hen	hin	hon	hun
j	joi	jou	jan	jin	jon	jun
k	koi	kou	ken	kin	kon	kun
l	loi	lou	lan	lin	lon	lun
m	moi	mou	men	main	mon	mun
n	noi	nou	nan	nin	non	nun
p	poi	pou	pen	pain	pon	pun
q	quoi	quou	quen	quin	quon	qun
r	roi	rou	ran	rin	ron	run
s	soi	sou	sen	sain	son	sun
t	toi	tou	tan	tein	ton	tun
v	voi	vou	ven	vin	von	vun
x	xoi	xou	xan	xin	xon	xun
z	zoi	zou	zen	zin	zon	zun
c	coi	cou	can	cein	çon	cun
g	goi	gou	gen	gain	gon	gun

pl br cr dr fr phr gr pr tr vr

n o p q r s t u v w x y z

N O P Q R S T U V W X Y Z

montrer les voyelles, puis les consonnes, ensuite les syllabes, et leur faire
de manière à leur faire lire des mots et des phrases. Il faut exercer les élèves,

LECTURE.

1. Arabe, ami, robe, abbé, girafe, carafe, juge, cygne, lame, épée, pipe.

2. Dôme, domino, lune, café, cigare, râpe, livre, pique, épi, rame, prune, rave.

3. Gage, fève, vigne, lime, cuve, pâte, mère, père, anse, juge, hache, dame, broche.

4. Biche, ruche, balle, capre, règle, peuple, flèche, plume, pupitre, plage, glace, montre.

5. Enfant, maman, tante, oncle, neveu, frère, sœur, garçon, fille, grand-père, parrain.

6. Fleuve, aveugle, mouton, lyre, lapin, chameau, agneau.

6. Il faut faire lire d'abord en épelant *a r'a ra b'e be, arabe, a m'i mi, ami; r'o ro b'e be, robe;* puis sans épeler; il faut prononcer très-bas les consonnes et élider l'*e*; il faut faire lire tous ces mots sur le syllabaire.

10. *arabe, ami, robe, juge*

LECTURE.

1. Corps. Tête, visage, front, cheveu, oreille, nez, bouche, lèvre, langue, œil, joue, menton, cou, bras, coude, main, doigt, ongle, poitrine. ventre, jambe, cuisse, genou, pied.

2. Vêtements. Chapeau, casquette, bonnet, chemise, pantalon, gilet, veste, habit, redingote, bas, soulier, botte, sabot, blouse, manteau.

3. Temps. La semaine a 7 jours : lundi, mardi, mercredi, jeudi, vendredi, samedi, dimanche; l'année a 12 mois : janvier, février, mars, avril, mai, juin, juillet, août, septembre, octobre, novembre, décembre.

4. Animaux. Ane, cheval, jument, poulain, mulet, mouton, brebis, bouc, agneau, chèvre, bœuf, vache, veau.

5. Aliments. Pain, vin, eau, viande, bouilli, rôti, légume, fruit, fromage, soupe, potage, pâtisserie, confitures.

7. Il faut faire épeler *k'or, corps; t'é té t'e te, tête; v'i vi z'a za g'e ge, visage; fr'ont front; ch'e che v'eu veu cheveu;* il faut bien faire remarquer les voyelles et les consonnes, ainsi que le nombre de syllabes de chaque mot.

11. *Corps, tête, visage.*

Valeur de position des Lettres.

a		e		i y		o		u	
ba	ab	be	eb	bi	ib	bo	ob	bu	ub
ca	ac	ce	ec	ci	ic	co	oc	cu	uc
da	ad	de	ed	di	id	do	od	du	ud
ga	ag	ge	eg	gi	ig	go	og	gu	ug
la	al	le	el	li	il	lo	ol	lu	ul
ma	am	me	em	mi	im	mo	om	mu	um
na	an	ne	en	ni	in	no	on	nu	un
ra	ar	re	er	ri	ir	ro	or	ru	ur
sa	as	se	es	si	is	so	os	su	us
ta	at	te	et	ti	it	to	ot	tu	ut
xa	ax	xe	ex	xi	ix	xo	ox	xu	ux

1. Rose, vase, anse, assise, roseau, pays, paya, rayé, rayon, lyre, style.

2. An, âne, un, une, on, no, me, em, aucun, aucune, uni, chacun.

3. Chacune, fin, fine, infini, brun, brune, humble, rhume, enclume.

4. Ha, ah, hache, huche, hé, hie, holà, houe, homme, phrase, sphère.

5. Bec, cocagne, cicatrice, cigogne, cage, gigot, leg, légé, juge, gai, geai.

6. Axe, maxime, gaz, gaze, dorure, or, immaculé, immense, image.

8. Il faut faire bien remarquer le changement de prononciation d'une voyelle placée avant ou après la consonne, surtout pour *m n;* ainsi que le changement de valeur des lettres *c g s y* selon leur position.

Valeur de position, exceptions.

1. Em, ame, âne, ami, un, uni, um, muni, aucun, aucune, prochain, prochaine, chemin, chemine, parfum, parfume, enfin, infini, nom, mon.

2. Ceci, cicatrice, caleçon, coche, choc, chiche, cachet, cocher, Zurich, huche, alphabet, sphère, asthme, philosophale, christ, lithographe.

3. Gage, jugea, gageure, cigogne, sac, sa, tasse, pose, raisin, mesure, sagesse, messe, jette, pelle, spasme, ayant, paysan, voyage, noyau.

4. Caille, feuille, charmille, bail, travail; ville, village, mille, Lille, amitié, moitié, huitième, chantions, bastion; partial, patience, prétention.

5. Ils parlent, elles lisent, ils chantent, chantant, argent, lentement, enfant, mien, tien, sien, chien, loin, foin, avoir, noir, boira, splendeur.

6. Axe, sexe, phénix, saxe, taxe, exil, exercice, examine, exhortation, Auxerre, soixante, Bruxelles.

9. Il faut insister sur les changements de prononciation qui résultent de la position des consonnes et des voyelles, sur la coupure des syllabes, et sur chaque règle.

13. *Sagesse, messe, jette, pelle, spasme,*

Numération écrite.

0	10	20	30	40	50	60	70	80	90	100
1	11	21	31	41	51	61	71	81	91	210
2	12	22	32	42	52	62	72	82	92	321
3	13	23	33	43	53	63	73	83	93	432
4	14	24	34	44	54	64	74	84	94	543
5	15	25	35	45	55	65	75	85	95	654
6	16	26	36	46	56	66	76	86	96	765
7	17	27	37	47	57	67	77	87	97	876
8	18	28	38	48	58	68	78	88	98	999
9	19	29	39	49	59	69	79	89	99	1000

Table de Multiplication.

1	2	3	4	5	6	7	8	9	10
2	4	6	8	10	12	14	16	18	20
3	6	9	12	15	18	21	24	27	30
4	8	12	16	20	24	28	32	36	40
5	10	15	20	25	30	35	40	45	50
6	12	18	24	30	36	42	48	54	60
7	14	21	28	35	42	49	56	63	70
8	16	24	32	40	48	56	64	72	80
9	18	27	36	45	54	63	72	81	90
10	20	30	40	50	60	70	80	90	100

Alphabet de Majuscules et de Minuscules.

a b c d e f g h i j k l m n

12. *a b c d e f g h i j k l m n*

A B C D E F G H I J K L M N

o p q r s t u v w x y z

o p q r s t u v w x y z

O P Q R S T U V W X Y Z

1 2 3 4 5 6 7 8 9 0

LECTURE COURANTE.
Signe de la Croix.

1. Au nom du Père et du Fils et du Saint-Esprit. Ainsi soit-il.

Oraison dominicale.

2. Notre Père qui êtes aux cieux, que votre nom soit sanctifié; que votre règne arrive; que votre volonté soit faite sur la terre comme dans le ciel;

3. Donnez-nous aujourd'hui notre pain de chaque jour et pardonnez-nous nos offenses comme nous pardonnons à ceux qui nous ont offensés;

4. Et ne nous laissez pas succomber à la tentation; mais délivrez-nous du mal. Ainsi soit-il.

Salutation angélique.

6. Je vous salue, Marie, pleine de grâce, le Seigneur est avec vous, vous êtes bénie entre toutes les femmes et Jésus le fruit de vos entrailles est béni.

10. Il faut faire lire peu de lignes chaque jour, mais insister pour que l'élève reconnaisse bien en epelant les syllabes, les voyelles et les consonnes de chaque mot, et les applications des règles de la lecture; plus l'on sera minutieux en commençant, plus les progrès seront rapides.

14. *Notre Père qui êtes aux*

5. Sainte Marie, mère de Dieu, priez pour nous, pauvres pécheurs, maintenant et à l'heure de notre mort. Ainsi soit-il.

Symbole des Apôtres.

1. Je crois en Dieu le Père tout-puissant Créateur du ciel et de la terre; et en Jésus-Christ son fils unique notre Seigneur; qui a été conçu du Saint-Esprit;

2. Est né de la Vierge Marie; a souffert sous Ponce-Pilate; a été crucifié; est mort, a été enseveli; est descendu aux enfers; est ressuscité des morts le troisième jour;

3. Est monté aux cieux; est assis à la droite de Dieu le père tout-puissant; d'où il viendra juger les vivants et les morts.

4. Je crois au Saint-Esprit; la Sainte Eglise catholique, la communion des saints; la résurrection de la chair; la vie éternelle. Ainsi soit-il.

15. *Je crois en Dieu le Père*

Confession des Péchés.

1. Je confesse à Dieu tout-puissant, à la bienheureuse Marie toujours vierge, à saint Michel Archange, à saint Jean Baptiste, aux Apôtres saint Pierre et saint Paul, à tous les saints, et à vous, mon Père, que j'ai beaucoup péché par pensées, par paroles et par actions.

2. C'est ma faute, c'est ma faute, c'est ma très-grande faute; c'est pourquoi je supplie la bienheureuse Marie toujours vierge, saint Michel Archange, saint Jean Baptiste, les Apôtres saint Pierre et saint Paul, tous les saints, et vous mon Père de prier pour moi le Seigneur notre Dieu.

3. Que le Dieu tout-puissant nous fasse miséricorde, qu'il nous pardonne nos péchés, et nous conduise à la vie éternelle. Ainsi soit-il.

4. Que le Seigneur tout-puissant et miséricordieux nous accorde l'indulgence, l'absolution et la rémission de tous nos péchés. Ainsi soit-il.

16. *Je confesse à Dieu tout-puissant*

Commandements de Dieu.

1. Un seul Dieu tu adoreras,
   Et aimeras parfaitement.

2. Dieu en vain tu ne jureras,
   Ni autre chose pareillement.

3. Les dimanches tu garderas,
   En servant Dieu dévotement.

4. Tes père et mère honoreras,
   Afin que tu vives longuement.

5. Homicide point ne seras,
   De fait ni volontairement.

6. Luxurieux point ne seras,
   De corps ni de consentement.

7. Le bien d'autrui tu ne prendras,
   Ni retiendras à ton escient.

8. Faux témoignage ne diras,
   Ni mentiras aucunement.

9. L'œuvre de chair ne désireras,
   Qu'en mariage seulement.

10. Biens d'autrui ne convoiteras,
    Pour les avoir injustement.

17. *Un seul Dieu tu adoreras*
    Et aimeras parfaitement.

Commandements de l'Église.

1. Les fêtes tu sanctifieras,
    Qui te sont de commandement.

2. Les dimanches la messe ouïras,
    Et les fêtes pareillement.

3. Tous tes péchés confesseras,
    A tout le moins une fois l'an.

4. Ton Créateur tu recevras,
    Au moins à Pâques humblement.

5. Quatre-Temps, vigiles, jeûneras,
    Et le carême entièrement.

6. Vendredi chair ne mangeras,
    Ni le samedi mêmement.

Sacrements.

Il y a sept Sacrements : le Baptême, la Confirmation, l'Eucharistie, la Pénitence, l'Extrême-Onction, l'Ordre et le Mariage.

Péchés capitaux.

Il y a sept Péchés capitaux : l'Orgueil, l'Avarice, la Luxure, l'Envie, la Gourmandise, la Colère et la Paresse.

18. *Les fêtes tu sanctifieras qui*

Sentences et Proverbes moraux.

1. L'homme propose et Dieu dispose. Fais ce que dois, advienne que pourra. Aide-toi, le ciel t'aidera.

2. Ne remets jamais à demain ce que tu peux faire aujourd'hui. Le temps perdu ne se répare jamais.

3. Petit à petit l'oiseau fait son nid. Un tiens vaut mieux que deux tu l'auras. Trop parler nuit.

4. L'ennui est entré dans le monde par la paresse. Pierre qui roule n'amasse pas mousse.

5. Qui se ressemble s'assemble. Dis-moi qui tu hantes, je te dirai qui tu es. Fréquente les bons.

6. Pardonnez souvent aux autres, jamais à vous-même. Ne mentez jamais. Il vaut mieux se taire que de mal parler.

7. Faites à autrui ce que vous voudriez qui vous fût fait : voilà la vertu. Craignez de médire.

19. *L'homme propose et Dieu*

8. Servir Dieu, mes enfants, c'est suivre tous les jours les lois que la justice impose à tous les hommes;

9. Aimer les malheureux, leur porter nos secours, et remplir les devoirs de l'état où nous sommes.

10. Les hommes sont égaux, les pauvres sont nos frères. Soyez bienfaisants envers ceux qui sont dans le malheur.

11. Frères, sœurs, la nature vous a mis ensemble pour qu'un même intérêt vous unisse.

12. Que rien ne vous sépare, et pour rester amis faites les plus grands sacrifices.

13. Vous devez aimer et respecter votre père et votre mère, et leur obéir. Depuis votre naissance ils n'ont cessé de vous prodiguer leurs soins.

14. Vos parents, mes enfants, veulent votre bonheur. Respectez les vieillards, écoutez leurs discours, demandez-leur conseil.

20. *Servir Dieu, mes enfants, c'est suivre tous les jours les lois que sa justice impose*

Aux Enfants.

1. Enfants, tout ce qu'il y a de beau et d'excellent dans la nature s'achète au prix de la peine et du travail.

2. Si vous voulez être aimés de vos amis, il faut leur faire du bien ; si vous voulez être honorés dans votre patrie, il faut lui être utile.

3. Si vous voulez que la terre vous donne ses fruits, il faut la cultiver. Soyez bons afin d'être heureux, voilà toute la morale.

4. Les hommes doivent travailler à se rendre parfaits et à se rendre heureux, soyez bons, vous plairez. Il y a plus de bonheur à donner qu'à recevoir.

5. Le premier devoir est de ne pas faire de mal aux autres, le second est de leur faire du bien. Sois muet quand tu as donné ; parle quand tu as reçu.

Bonnes Actions.

6. Le corps se soutient par les aliments, et l'amour par les bonnes actions. Ne remettez pas à demain les bonnes actions que vous pouvez faire aujourd'hui.

21. *Enfants, tout ce qu'il y a de beau*

7. Plus nous faisons de bonnes actions dans notre jeunesse, plus nous nous préparons de douceurs et de consolations pour notre vieillesse.

Activité.

8. Se coucher de bonne heure et se lever matin sont les deux meilleurs moyens de conserver sa santé, sa fortune et son jugement.

9. Agissons pendant que nous le pouvons : moyennant l'activité nous ferons beaucoup plus avec moins de peine.

Amitié.

10. Le véritable ami est le plus grand de tous les biens. Les bons comptes font les bons amis. Entre amis, on ne donne pas, on partage.

11. Il ne faut pas offenser ses amis même en riant. Qui est ami de tous, n'est ami de personne. Dans le malheur on connaît le véritable ami.

Apparences.

12. Les apparences sont souvent trompeuses. Ne vous fiez pas aux apparences :

22. *Plus nous faisons de*

le tambour avec tout le bruit qu'il fait n'est rempli que de vent.

13. Les jugements sur les apparences sont si souvent faux qu'il est étonnant qu'on ne s'en désaccoutume pas.

Bonheur.

14. Heureux et sage celui qui dit en s'éveillant : Je veux être aujourd'hui meilleur que je n'étais hier.

15. Les éléments du bonheur sont une bonne conscience, de l'honnêteté dans les projets et de la droiture dans les actions.

Bonté.

16. La bonté est cette disposition aimante qui porte à contribuer au bonheur d'autrui. Fais le bien sans regarder à qui.

17. Il n'y a que les grands cœurs qui sachent combien il y a de gloire à être bon. Il n'est jamais tard pour faire le bien.

Charité.

18. L'homme charitable donne des secours aux pauvres; le gouvernement charitable leur donne les moyens de s'en passer : de l'instruction, une industrie et du travail.

23. *Les jugements sur les apparences*

19. L'homme le plus heureux est celui qui fait le bonheur d'un plus grand nombre d'autres. Si chacun faisait tout le bien qu'il peut faire sans se gêner, il n'y aurait point de malheureux.

Conversation.

20. Écoute avant de parler. Parle peu, écoute beaucoup et tu ne feras point de fautes. Les bons écouteurs ressemblent aux bons ménagers : ils font leur profit de tout.

21. Ne dites que ce qui peut servir aux autres ou à vous-mêmes : évitez les conversations oiseuses. Parler sans penser, c'est tirer sans viser.

SIGNES DE LA PONCTUATION.

virgule,   point et virgule,   deux points,   point,

point interrogatif,   point exclamatif,   points suspensifs,   parenthèses,   guillemets,

paragraphe,   apostrophe,   tréma,   trait d'union,   tiret.

l'ami, s'il t'aime. Saül haï. arc-en-ciel.

21. *L'homme le plus heureux*

Courage.

22. Les réflexions, les connaissances, la philosophie, plus encore la voix d'une conscience pure, rendent courageux dans le malheur.

23. Le découragement est plus douloureux que la patience. Les grands revers sont la seule épreuve de la force de l'âme.

Devoirs de famille.

24. Honore ton père et ta mère. Un père et une mère sont naturellement nos meilleurs amis.

25. Heureux qui peut rendre à son père et à sa mère tous les soins qu'il en a reçus dans son enfance! Plus heureux encore qui leur rend leur sourire, leurs caresses, leurs joies!

Dieu.

26. Les cieux racontent la gloire de Dieu, et le firmament publie les œuvres de ses mains. Vous aimerez Dieu de tout votre cœur et votre prochain comme vous-même.

27. Homme, ton Dieu n'est point un tyran inflexible,
Qui toujours veut punir et jamais pardonner :
Un père ne voit plus de faute irrémissible
Quand son fils à ses pieds vient pour se prosterner.

25. *Honore ton père et ta mère.*

Douceur.

28. La réponse douce apaise la colère ; la parole fâcheuse l'augmente. Qui commande avec trop d'empire à ceux qui sont au-dessous de lui trouve souvent un maître qui lui commande de même.

29. Avoir de la bonté avec tout le monde, excuser les fautes, pardonner les torts, être gai et complaisant, c'est la pierre philosophale de la félicité.

Économie.

30. Un sou épargné est un sou gagné. Épargnez pour le temps de la vieillesse et du besoin pendant que vous le pouvez : le soleil du matin ne dure pas toujours.

31. L'économie est la fille de l'ordre et de l'assiduité. Bonne épargne dans la jeunesse se retrouve dans la vieillesse. Qui veut voyager loin ménage sa monture.

Éducation.

32. Une excellente éducation pourrait, dans les grands empires, multiplier infiniment les talents et les vertus. L'avenir d'un enfant est toujours l'ouvrage de sa mère.

33. Le bonheur des peuples et la tranquillité des États dépendent de la bonne éducation de la jeunesse.

26. *La réponse douce apaise la colère ; la parole fâcheuse l'augmente*

Emploi du Temps.

34. Employez bien votre temps si vous voulez mériter le repos, et ne perdez pas une heure puisque vous n'êtes pas sûr d'une minute.

35. Le temps est le plus précieux des biens, la perte du temps est la plus grande des prodigalités, puisque le temps perdu ne se retrouve plus.

Enfants.

36. Le plus grand avantage qu'on puisse procurer à ses enfants c'est de bien les élever. Fais instruire tes enfants. Que la vie des enfants soit frugale, leurs vêtements simples.

37. Punir rarement et toujours à propos, récompenser quelquefois et caresser souvent, c'est le moyen sûr pour les pères de se faire aimer et respecter.

Étude.

38. Étudiez non pour savoir plus, mais pour savoir mieux que les autres. L'étude doit être pour l'homme sage et sensé un moyen de devenir meilleur.

39. L'instruction est l'ornement du riche et la richesse du pauvre. Les connaissances rendent les hommes plus doux. L'étude est la nourriture des jeunes gens, et la consolation des vieillards.

27. *Employez bien votre temps*

Lecture.

40. Il faut lire pour s'instruire, pour se corriger et pour se consoler. Il vaut mieux lire deux fois un bon ouvrage qu'une fois un mauvais. Applique-toi à la lecture.

41. Les livres sont à l'âme ce que la nourriture est au corps. Le meilleur compagnon pour passer le temps est un bon livre. Un bon livre est un bon ami, il nous enseigne la sagesse.

Mérite, Modestie, Morale.

42. Le mérite console de tout. Voulez-vous qu'on dise du bien de vous n'en dites pas. Soyez industrieux et libres. Soyez modestes et libres. Loyauté vaut mieux qu'argent.

43. La morale est la science par excellence, c'est l'art de bien vivre et d'être heureux. La morale doit avoir le devoir et l'intérêt pour base. La véritable félicité est dans la paix de l'âme.

Parents.

44. Aime tes parents. Honore ton père et ta mère. Honorez votre père, votre fils vous honorera de même. Un père et une mère sont naturellement nos meilleurs amis.

45. L'enfant qui se souvient des bienfaits de ses parents est trop occupé de sa reconnaissance pour se souvenir de leurs torts. Dans le bonheur rappelle-toi tes parents.

28. *Il faut lire pour s'instruire,*

Prévoyance.

46. Si tu achètes ce qui est superflu pour toi, tu ne tarderas pas à vendre ce qui t'est le plus nécessaire. Fais toujours réflexion avant de profiter d'un bon marché.

47. Avant de consulter votre fantaisie consultez votre bourse. Gagnez ce qui vous est possible et sachez ménager ce que vous avez gagné : c'est le secret de changer votre plomb en or.

Propreté, Prudence.

48. Sois propre : la propreté est une demi-vertu. Ne souffrez aucune malpropreté ni sur votre corps, ni sur vos vêtements, ni dans votre maison. La propreté est la parure qui convient le mieux.

49. Fréquente les bons. Dis-moi qui tu hantes je te dirai qui tu es. La prudence ne prévient pas tous les malheurs, mais le défaut de prudence ne manque jamais de les attirer.

Travail.

50. Le travail est le père de toutes les vertus comme l'oisiveté est la mère de tous les vices. La paresse rend tout difficile : le travail rend tout aisé. Paresse, clef de pauvreté.

51. Le temps, ce bien précieux, est comme l'argent; n'en perdez pas, vous en aurez assez. Celui qui ne veut pas travailler ne doit pas manger. L'activité est la mère de la prospérité.

29. *Si tu achètes ce qui est superflu*

Maximes de la Sagesse.

1. Craignez le Dieu vengeur et tout ce qui le blesse,
 C'est là le premier pas qui mène à la sagesse.
2. Ne plaisantez jamais ni de Dieu ni des saints,
 Laissez ce vil plaisir aux jeunes libertins.
3. Que votre piété soit sincère et solide,
 Et qu'à tous vos discours la vérité préside.
4. Tenez votre parole inviolablement,
 Et ne la donnez pas inconsidérément.
5. Soyez officieux, complaisant, doux, affable,
 Poli, d'humeur égale, et vous serez aimable.
6. Du pauvre qui vous doit n'augmentez pas les maux,
 Payez à l'ouvrier le prix de ses travaux.
7. Bon père, bon époux, bon maître sans faiblesse,
 Honorez vos parents, surtout dans leur vieillesse.
8. Du bien qu'on vous a fait soyez reconnaissant,
 Montrez-vous généreux, humain et bienfaisant.
9. Donnez de bonne grâce ; une belle manière
 Ajoute un nouveau prix au présent qu'on veut faire.
10. Rappelez rarement un service rendu ;
 Le bienfait qu'on reproche est un bienfait perdu.
11. Ne publiez jamais les grâces que vous faites ;
 Il faut les mettre au rang des affaires secrètes.
12. Prêtez avec plaisir, mais avec jugement ;
 S'il faut récompenser, faites-le dignement.
13. Au bonheur du prochain ne portez point envie,
 N'allez point divulguer ce que l'on vous confie.
14. Sans être familier, ayez un air aisé.
 Ne décidez de rien qu'après l'avoir pesé.
15. A la religion soyez toujours fidèle ;
 On ne sera jamais honnête homme sans elle.
16. Aimez le doux plaisir de faire des heureux,
 Et soulagez surtout le pauvre vertueux.

17. Soyez homme d'honneur et ne trompez personne.
    A tous ses ennemis un cœur noble pardonne.

18. Aimez à vous venger par beaucoup de bienfaits.
    Parlez peu, pensez bien, et gardez vos secrets.

19. Ne vous informez pas des affaires des autres;
    Sans air mystérieux dissimulez les vôtres.

20. N'ayez point de fierté, ne vous louez jamais;
    Soyez humble et modeste au milieu des succès.

21. Surmontez les chagrins où l'esprit s'abandonne;
    Ne faites rejaillir vos peines sur personne.

22. Supportez les humeurs et les défauts d'autrui.
    Soyez des malheureux le plus solide appui.

23. Reprenez sans aigreur, louez sans flatterie;
    Ne méprisez personne; entendez raillerie.

24. Fuyez les libertins, les fats et les pédants,
    Choisissez vos amis; voyez d'honnêtes gens.

25. Jamais ne parlez mal des personnes absentes;
    Badinez prudemment les personnes présentes.

26. Consultez volontiers; évitez les procès.
    Où la discorde règne apportez-y la paix.

27. Sobre par le travail, le sommeil et la table,
    Vous aurez l'esprit libre et la santé durable.

28. Jouez pour le plaisir et perdez noblement;
    Sans prodigalité dépensez prudemment.

29. Ne perdez point le temps à des choses frivoles.
    Le sage est ménager du temps et des paroles.

30. Sachez à vos devoirs immoler vos plaisirs;
    Et pour vous rendre heureux modérez vos désirs.

31. Ne demandez à Dieu ni grandeur, ni richesse,
    Mais pour vous gouverner demandez la sagesse.

Paris. — Typ. de M⁰ᵉ Vᵉ Dondey-Dupré, rue Saint-Louis, 46, au Marais.